ANASAZI FOUNDATION

PRÓLOGO DE GOOD BUFFALO EAGLE – BUEN BÚFALO ÁGUILA

LOS SIETE CAMINOS

PARA CAMBIAR LA MANERA DE CAMINAR EN EL MUNDO

SELECTOR®
actualidad editorial

Doctor Erazo 120, Col. Doctores, C.P. 06720, México, D.F.
Tel. (01 55) 51 34 05 70 • Fax (01 55) 51 34 05 91
Lada sin costo: 01 800 821 72 80

Título: LOS SIETE CAMINOS
Autor: The Anasazi Foundation
Traductora: Martha Baranda Torres
Colección: Superación personal

Diseño de portada: Socorro Ramírez Gutiérrez
Ilustración de portada: Lehi Sanchez

© 2013 por ANASAZI Foundation. Publicado originalmente por Berret-Koehler Publishers, Inc. San Francisco, CA. USA. Todos los derechos reservados.

Título original: *The Seven Paths*

D.R. © Selector, S.A. de C.V., 2014
   Doctor Erazo 120, Col. Doctores,
   Del. Cuauhtémoc,
   C.P. 06720, México, D.F.

ISBN: 978-607-453-216-6

Primera edición: agosto 2014

Sistema de clasificación Melvil Dewey
113
A11
2014

The Anasazi Foundation
Los siete caminos / The Anasazi Foundation. Traducción: Martha Baranda Torres; Ciudad de México, México: Selector, 2014.–

120 pp.

ISBN: 978-607-453-216-6

1. Ciencias filosóficas. 2. Cosmología. 3. Cosmogonía.

Consulta nuestro aviso de privacidad en www.selector.com.mx

Características tipográficas aseguradas conforme a la ley.
Prohibida la reproducción parcial o total de la obra
sin autorización de los editores.
Impreso y encuadernado en México.
Printed and bound in Mexico.

Índice

Dedicatoria 8
Prólogo 9
Prefacio 11

Comienzos Hacer una caminata 13
    La era del "Yo" 14
    Lejos de mi gente 16
    Mi gente, otra vez 19
    La naturaleza como maestra 21
    Caminar hacia adelante y hacia atrás 22

1 El camino de la luz 25
    Un rayo de luz 26
    Luz y oscuridad 28
    Iluminación del corazón 30
    La fuente de la luz 31
    Mensajeros de la luz 33

2 El camino del viento 35
    Una voz en el viento 36
    El aliento de vida 38
    La conexión de la naturaleza 40
    La conexión del hombre 42
    Mensajes en el viento 44

3 El camino del agua 47
La necesidad de agua 48
Sequía en el alma 50
Humedad del alma 51
Las lecciones del agua 53
La fuente del agua 55

4 El camino de la piedra 57
La sabiduría de la piedra 58
El fundamento de la paz 59
Ser como una piedra 61
Uso de la piedra hacia adelante y hacia atrás 63
La pregunta de la piedra 65

5 El camino de las plantas 67
El secreto de las plantas 68
El servicio de las plantas 69
La fuente de la belleza 71
Falsificaciones 72
Esperanza en el desierto 74

6 El camino de los animales 77
Un tejón y una piedra 78
El lenguaje de los animales 80
Rostros entre los animales 81
Honrar a la creación 83
La ofrenda de los animales 85

7 El camino de "Nosotros" 89
    La historia de mi pueblo 90
    Mi visión de mi pueblo 92
    El despertar al Nosotros 93
    La mentira en el "Yo" 95
    El credo de Nosotros 97

Destinos Caminar hacia adelante 99
    Caminar a solas 100
    El paso hacia una nueva vida 102
    Caminar juntos 105
    Palabras a un amigo 108

    Sobre el arte 110
    Reconocimientos 113
    Acerca de la Fundación ANASAZI 115
    Más alabanzas para *Los siete caminos* 117

Dedicatoria

*Con toda sinceridad agradecemos a los jóvenes y a sus familias
que han venido a caminar por el sendero con nosotros.
Es a ustedes a quienes dedicamos este libro.*

*Su valor y su amor dan vida y significado a este libro.
Su caminar hacia adelante ha llenado el mundo de belleza.*

Una de nuestras senderistas, Lara Ackerman, lo resumió todo cuando dijo:

*"La cosa más hermosa del mundo
es un corazón que está cambiando."*

Prólogo

Yo soy Good Buffalo Eagle – Buen Búfalo Águila. Escucha mis palabras. El Creador dio a todos los Seres de Dos Piernas un don sagrado. Lo llamamos el Don de la Elección. Sin importar dónde nacimos, todos llegamos a la Tierra con este don. Junto con el Don de la Elección, todos los Seres de Dos Piernas tenemos un sentido de distinguir lo bueno de lo malo que proviene de el que está en el interior. Por tanto, el Don de la Elección nos permite decidir con conciencia.

Mi Pauline, la mujer de mi corazón, afirma que, en su idioma navajo, la vida es una caminata, una travesía. Entonces, si la vida en la Madre Tierra es un viaje, hay dos maneras de caminar.

Mediante la aplicación del Don de la Elección, nosotros podemos decidir caminar hacia adelante o podemos decidir caminar hacia atrás. Dado que decidimos con conciencia, por cada paso que damos hacia adelante o hacia atrás, somos responsables.

Dado que somos responsables, hay consecuencias. Las consecuencias, sin embargo, no son elegidas. Quizá se retrasen, pero en su momento llegarán.

Las elecciones de caminar hacia adelante son recompensadas con consecuencias que iluminan el camino hacia la paz, la felicidad, el gozo, la comodidad, el conocimiento y la sabiduría. Las elecciones de caminar hacia atrás traen a los Seres de Dos Piernas las consecuencias de la miseria, la desesperación y la oscuridad.

Al final de nuestra vida, cuando nuestro cuerpo está a punto de yacer en la Madre Tierra, sabremos por nosotros mismos si somos un Ser de Dos Piernas lleno de luz o un Ser de Dos Piernas lleno de oscuridad. En ese instante no podemos girarnos y apuntar con un dedo acusadoramente al aire. Nosotros lo sabremos porque Nosotros somos quienes elegimos caminar hacia adelante, en dirección a la luz, o hacia atrás, en dirección a la oscuridad.

Escucha mis palabras. Medita sobre la narrativa de *Los siete caminos* pues tú, como el hombre joven de la historia, puedes volverte hacia un Nuevo Principio. No creas en los oscuros murmullos que te invitan a caminar hacia atrás. En cualquier momento de tu vida, tú tienes el poder de volverte hacia adelante. Sin importar lo joven o viejo que seas, tú tienes el poder de volverte y caminar hacia adelante. Ese es el camino ANASAZI.

Extendemos una invitación para que todos utilicen el poder del Don de la Elección, el cual nos enseñará los caminos hacia adelante que producirán paz. Contemplemos el presente y, con anticipación hacia el futuro, a lo que podemos ser: ¡un Ser de Dos Piernas lleno de luz!

Soy Good Buffalo Eagle – Buen Búfalo Águila. He hablado.

Prefacio

Hay mucho por aprender del mundo que nos rodea, mucho más que lo que por lo regular comprendemos. Los Ancestros lo saben bien —en particular los sabios maestros entre ellos—, aquellos que, en la lengua de los navajos, eran llamados *Anasazi*.

Estos antiguos maestros comprendían muy bien que ningún hombre es tan sabio como la Madre Tierra. Ella ha testificado cada día humano, cada lucha humana, cada dolor humano y cada gozo humano. Para las dolencias tanto del cuerpo como del espíritu, los sabios enviaban al hombre a las colinas, pues el hombre también es del polvo y la Madre Tierra está lista para nutrir y sanar a sus hijos.

Por desgracia, el hombre moderno se ha alejado de la Madre Tierra. Como lo ha hecho así, sus males se han multiplicado. Nuestra labor es con aquellos que se ven atrapados por los males de la era moderna. Hemos descubierto que ninguna receta moderna sana al corazón humano de forma tan plena ni tan bien como la receta de los Ancestros. "A las colinas", decían ellos, a lo cual nosotros añadiríamos, "a los árboles, los valles y los ríos también", pues hay un poder en la naturaleza que el hombre ha ignorado. Y el resultado ha sido angustia y dolor.

Este libro, *Los siete caminos,* presenta lo que podría describirse como una manera de sanar: siete elementos entre la naturaleza que se combinan para sanar los corazones humanos. Es una vía diseñada por el Creador y presentada por la Madre Tierra a todos aquellos que tienen la sabiduría de acudir a ella. Hemos aprendido a acudir a ella a menudo, a lo largo de muchos años y, como los Anasazi de antaño, tenemos la confianza sagrada de invitar a otros a hacer lo mismo.

Comienzos

Hacer una caminata

La era del "Yo"

Soy una voz solitaria, un hombre solo,
el último de un pueblo.

En mi caminar he visto muchos días de la Tierra:
desde los días de polvo y las villas simples
hasta los días del concreto y las relucientes ciudades.

He observado revoluciones
en la ciencia, la medicina y la tecnología.

He visto cómo el hombre, alguna vez anclado a la Tierra,
se ha lanzado hacia las estrellas.

He visto lo que nunca hubiera imaginado y lo que mi pueblo
nunca hubiera podido soñar.

Sin duda, el hombre se ha vuelto impresionante.

Pero, joven amigo (y, sin importar tu edad, para mí tú eres joven),
de todos los días que he presenciado, hoy —tu día—
es el más infeliz.

Lo veo en los rostros que me encuentro en las aceras
y en las voces que escucho en tus ciudades.

La Madre Tierra nunca había estado tan llena;
no obstante, sus habitantes nunca habían estado tan solos.

Tú vives en la era del "Yo". El hombre solo cuida de sí mismo
y solo secundariamente de los demás. En la filosofía de tu día,
la felicidad es un producto de la satisfacción
de los deseos personales.

¿Te sorprendería escuchar que la infelicidad del hombre
se debe, en gran medida, a la manera como busca la felicidad?

Tú ya lo sabes a partir de tu propia vida,
pues cuando has sido infeliz, has sido infeliz *con otros*, con tu padre
o madre, tu hermana o hermano, tu cónyuge, tu hijo, tu hija.
Si la infelicidad es con otros, ¿no sería razonable decir
que la felicidad debe ser también *con otros?*

La obsesión del hombre con sus propios deseos lo aleja más
de aquellos sin quienes encontrar la felicidad sería imposible.

Lo aleja de su gente.

Lo cierto es que lo aleja de su verdadero ser.

Lejos de mi gente

Hace tiempo fui conocido por mi gente como
"El Nosotros que camina perdido".

Una extraña manera de hablar para tu oído, sin duda.

Y una manera que a mí también me pareció extraña,
pues el habla de mi gente todavía no era mía.

🝮

Como ves, no hay un "Yo" solo en el habla de nuestra gente.

Cuando nos referimos a otro entre nosotros, así como
cuando nos referimos a nosotros mismos,
hablamos en "Nosotros".

🝮

Cierto día, mientras cazábamos con otros que se ganaban
sus primeros méritos de la edad viril,
el hijo del líder de la villa —alguna vez mi amigo
pero entonces mi rival— reclamó mi presa como suya.

Ambos corrimos hacia el cadáver abatido.

—¡Tú! —grité, violando nuestro compromiso lingüístico
con la comunidad—. ¡Tú mientes!

Otros en la partida se apresuraron a separarnos.
Yo intenté golpearlo en vano, sometido por los otros tras de mí.

Nos llevaron ante el concejo de la villa,
mi padre sentado entre ellos.

El padre de mi rival se incorporó y nos miró alternativamente
a mi rival y a mí. Se quedó de pie durante varios minutos. Por fin, dijo:

—Nosotros sufrimos hoy. Nuestra guerra en el bosque
fue contra nuestra costumbre. Nosotros
no luchamos contra Nosotros.

—Pero Nosotros —interrumpí y señalé al otro—, ¡está engañando a
Nosotros! —dije y miré primero al jefe y después a mi padre.

Pero mi padre me contempló con un silencio de piedra.
No ofreció nada: ninguna defensa, ni siquiera
una mirada de aliento o comprensión.

Mi corazón estaba herido.

El padre de mi rival enfocó entonces los ojos en mí.

—Nosotros, joven hijo mío —dijo despacio—,
tenemos mucho por aprender.
Mucho por aprender antes de la edad viril.

—¿Y qué hay de Nosotros? —exclamé y señalé a su hijo—.
¿Acaso Nosotros no tenemos mucho por aprender también?

El aire quedó suspendido en el aposento.

—El silencio —indicó él con sosegada firmeza—.
El silencio es lo que Nosotros debemos aprender.

Yo me volví y hui, humillado y furioso.
El silencio de mi padre cerraba mi corazón
y el aire de triunfo de mi rival escocía en mi piel.

A partir de ese momento
comencé a alejar mi corazón de mi gente.

Estaba resentido contra los ancianos de la villa,
en especial contra mi padre, y me mantuve distante
de aquellos que antes habían sido mis amigos.

El simple hecho de pensar en mi rival agitaba mi corazón con furia
y nuestras creencias y costumbres irritaban mis oídos.

Vi dolor en los rostros de mi gente cuando me burlaba
de nuestras costumbres y me deleitaba en lo que consideraba
una victoria. Pero mi amargura creció.

Mis padres me molestaban; mis hermanas y mi hermano
me molestaban; mi villa me molestaba.

Anhelaba ser independiente y libre:
libre de la tiranía de Nosotros.

Y así, una mañana, mucho antes del amanecer, escapé.

Mi gente, otra vez

Pero descubrí algo sorprendente en mi correr:
aquellos que me habían otorgado la vida y el lenguaje
me acompañaban dondequiera que iba. Yo pensaba
con palabras que ellos me enseñaron.

Su identidad misma se replicaba en mi piel.
Aunque los había abandonado físicamente, no obstante,
viajaban conmigo en mi mente, mi carne, mi corazón.

Cuán sorprendido me sentí al descubrir esto:
que no había manera alguna de escapar de mi vida.

Con un corazón que contemplaba a mi gente, yo miraba también
a la colina que se alzaba inconveniente ante mí.

Ataqué con rabia al árbol que obstruía mi camino.

Maldije al valle que se extendía debajo de mí.

Mostré mis puños a los rápidos en el río.

Cuando por fin me abrí camino hacia la cima de la Gran Montaña
y me volví para dirigir una última mirada a la villa en la distancia,
me comprometí a nunca volver.

Pero tú sabes que sí regresé, pues has percibido
la reverencia y el amor que ahora siento por mi pueblo.

Y quizás has adivinado que no deseo otra cosa
que estar entre ellos otra vez.

¿Cómo ocurrió? ¿Qué me trajo a casa
y me enseñó amor y reverencia?

¿Cómo descubrí la felicidad con un pueblo
del que me sentí ajeno, incluso desterrado?

Mi joven amigo,
esto es lo que he reflexionado cada día desde entonces.

Y la respuesta podría sorprenderte.

La colina, el árbol y el río —aquellos objetos de mi ira—
fueron mis maestros.

La Madre Tierra me reintrodujo a mi gente.

La naturaleza como maestra

Por desgracia, el hombre moderno se ha concentrado tanto
en explotar los recursos de la naturaleza
que ha olvidado cómo aprender de ellos.

Si se los permites, sin embargo, los elementos de la naturaleza
te enseñarán como me han enseñado a mí.

Considera:

¿Cuál era el sentido de enojarme con las colinas?
Ellas no tenían nada en contra mía.

Y qué tonto fui al maldecir a los árboles, cuando ellos
solo me ofrecieron su sombra. De igual manera,
los valles me ofrecieron reposo y los ríos frescura...
¿qué motivo tenía yo para culparlos?

La Madre Tierra me enseñó que mi ira
hacia la naturaleza era infundada.

Y, por tanto, me invitó a abrir mi corazón
a esta posibilidad: así también puede
ser mi ira hacia el hombre.

Caminar hacia adelante y hacia atrás

En los años posteriores he aprendido que
el sentido del caminar de la vida no es adónde
o cuán lejos mueva mis pies, sino cómo me muevo en mi corazón.

Si camino lejos pero estoy enojado con los demás mientras viajo,
camino hacia ninguna parte.

Si conquisto montañas pero guardo resentimientos
contra los demás a medida que escalo, nada conquisto.

Si veo mucho pero considero que los demás
son mis enemigos, a nadie veo.

Mi joven amigo, cuando los días de tu caminar comiencen
a acercarse a su final, sabrás que hablo con la verdad.

Tanto si caminamos con nuestra gente como si lo hacemos
solos entre las colinas, la felicidad en el caminar de la vida
depende de cómo nos sentimos con los demás en nuestro corazón.

Solo viajamos tan lejos y tan alto como nuestros corazones nos lleven.

Cuando hui de mi gente, *esto* es lo que las colinas,
los árboles, los valles y los ríos me invitaron a aprender,
y antes de que fuera demasiado tarde:
que el éxito de mi travesía dependía de que mi corazón
caminara hacia adelante —*hacia* mi gente— en lugar
de caminar hacia atrás, *lejos* de ella.

Mi caminar casi termina. Pronto me uniré a mi gente.
Cuán afortunado y agradecido me siento por desearlo.

Mi joven amigo, antes del fin de mis días,
compartiré la confección de mi caminar: senderos
de claridad y sanación que pueden encontrarse entre las colinas.

Que tu corazón camine hacia adelante en tu recepción.

1
El camino de la luz

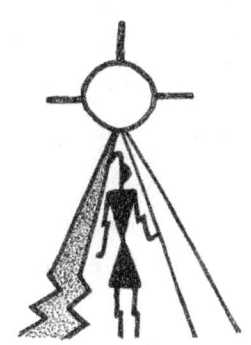

Un rayo de luz

Pocos días después de iniciar mi viaje, aún enfadado
con la naturaleza, golpeé lo que resultó ser un roble venenoso.

Maldije mi descuido
y mi incomodidad y mi dolor anticipados.

En verdad, toda la creación está en mi contra, murmuré.

🌿

Más tarde tropecé en el lecho de un arroyo
y golpeé mi rodilla contra una roca.
Recuerdo que levanté el rostro, con una mueca
de dolor, hacia un cielo vacío.

Mientras yacía allí, recordé las palabras que me dijo mi padre
mientras cazábamos: Nosotros los que perdemos el pie,
hemos perdido el camino —dijo—.
Nuestro caminar está en la oscuridad.

🌿

¿Qué quiso decir con caminar en la oscuridad?,
me pregunté mientras me incorporaba y cojeaba hacia mi sendero.
¿Y qué relación tenía la oscuridad con tropezar a *plena luz del día?*

🌿

A pesar de mi enojo contra él, en ese momento
tuve que aceptar que había visto a mi padre, y a los demás
grandes entre mi gente, de pie seguro y bien enraizado sobre la Tierra,
como cualquier árbol o planta y, sin embargo, tan ligero
como una semilla en el viento.

Este recuerdo despertó mi vida hacia la luz y,
por un momento, iluminó el corazón dolorido de un hijo.

Luz y oscuridad

Joven amigo, cada mañana ofrece lecciones sobre la luz,
pues la luz matinal enseña la más básica de las verdades:

la luz ahuyenta a la oscuridad.

🍂

Nosotros ordenamos nuestra vida física de acuerdo
con esta verdad, por buenas razones.

Nuestros instrumentos de la vista, nuestros ojos,
confunden y son débiles en lo oscuro.

Necesitamos ayuda de arriba
si hemos de progresar en nuestra travesía.

Por tanto, comenzamos el caminar de cada día
después de que la gran luz ilumina el terreno que nos rodea.

En ella somos sabios en el andar de nuestros pies.

🍂

Pero, joven amigo, ¿somos igual de sabios en el caminar del corazón?

¿Tú y yo también permitimos que la luz ahuyente
a la oscuridad de nuestra *alma*?

Este era el significado de las palabras de mi padre.
Oscuridad *dentro* de las nubes, el mundo *sin* ella.

🍂

Quizá tropecé en el lecho del arroyo porque
estaba demasiado confuso en mi interior para ver con claridad.

Y tal vez no logré reconocer al roble venenoso
porque había alejado a mi corazón de la luz.

En las colinas, así como en las villas y en las ciudades,
los peligros y los depredadores encuentran a aquellos
que caminan hacia atrás.

Mi joven amigo, después de ver tu era
y los peligros que acechan en sus sombras,
repito las palabras que me señalaron la luz por primera vez:

"Nosotros los que perdemos la luz interior, hemos perdido el camino".

Yo te pregunto:

¿Tu corazón camina hacia adelante en la luz?

Iluminación del corazón

Mi propia respuesta a esa pregunta ha sido
"a veces sí y a veces no".

Pero después de muchos días de odiar mi vida entre las colinas,
comencé a dar la bienvenida a la aurora... y a los árboles,
los valles y los ríos que eran iluminados por ella.

Pude sentir que mi corazón caminaba más y que mis pies
pisaban con más seguridad sobre la Tierra.

Así como la luz matinal barre a la noche, la oscuridad
en mi interior comenzó a verse ahuyentada por una aurora en mi alma.

Entonces, y muchas veces desde entonces, mi cuerpo y mi corazón
se iluminaron de igual manera, cada uno de ellos salvado por un sol.

🍃

Joven amigo, ¿has sentido esto de lo que te hablo?

¿Has sentido luz en tu alma?

¿Has sentido calor donde antes había frío?

¿Has descubierto revelaciones donde antes estuviste ciego?

🍃

Grande como es la luz sobre nosotros,
más grande, por mucho, es la luz interior.

🍃

La luz exterior es solo un reflejo de la interior.

La fuente de la luz

Yo conozco la fuente de esta luz.

Durante mis días de soledad he llegado a conocerlo bien a Él.

❧

"¿A Él?", preguntas.

Sí, a Él.

Hablo del Creador. Él ha caminado conmigo a menudo
en mis travesías, y ha sido al aprender a caminar con Él
que he aprendido a caminar hacia adelante.

❧

¿Te sorprende mi franqueza?

En un mundo que ha asesinado lo sagrado,
la mención de ello puede parecer escandalosa, incluso temeraria.

Pero, ¡cuán temerario es asesinar lo sagrado!

¡Y cuán escandaloso es pensar que pudimos hacerlo!

❧

Pues siempre hay una luz que camina hacia adelante.

Cuando yo era muy joven, jugué en esa luz;
aprendí a jugar caminando hacia adelante. Sé que así debe ser,
pues yo amaba a aquellos que jugaban conmigo.

Pues incluso en mis horas más oscuras, cuando el amor
estaba lejos de mí, El que es luz caminaba cerca.

🍃

¿Cómo lo sé?

Por lo que ya he mencionado:

por las auroras en mi alma.

La oscuridad no puede iluminarse a sí misma, del mismo modo
que la noche no puede llamarse a sí misma día.

La luz significa que el sol está cerca.

🍃

Las auroras que he sentido en mi alma testifican que
el Dador de luz me conoce.

Para caminar hacia adelante, solo necesito caminar
por donde Él me muestra.

Mensajeros de la luz

Toda la creación muestra cómo seguir la luz del Creador.

Mira alrededor y aprende.

Nota cómo las colinas reciben a la aurora.
No sienten apego alguno a la oscuridad.
Tan pronto como el sol se eleva, la oscuridad huye de ellas.

Serás testigo de la misma respuesta en los árboles,
los valles y los ríos.

Nota también que toda la naturaleza florece en la luz.
Las colinas y los árboles se estiran para recibirla.

Los pastos en los valles crecen altos y verdes
bajo su influencia. El río resplandece y
multiplica la luz a todo lo que está alrededor de él.

En los primeros días de mi huida, la aceptación de la naturaleza
de la luz estableció un claro contraste con la mía, pues yo
había dado la espalda a la luz: mis pensamientos y sentimientos
se marchitaban de amargura, tan centrados en mí mismo
que no pensaba ni deseaba reflejarme en otros.

Pero los elementos de la naturaleza nunca se ofendieron
por la espalda que les ofrecí. Aún se estiraban,
aún resplandecían, aún crecían.

Al hacerlo, me invitaban una y otra vez a volverme
de nuevo hacia la luz, a unirme a ellos en levantar los brazos,
en iluminar mis pensamientos y en conversar otra vez con *otros*.

❧

De estas y otras maneras, las colinas, los árboles, los valles
y los ríos son testigos del Creador y de su caminar.

Si tú escuchas, oirás que lo hacen,
pues puedes escuchar su voz en ellos.

Es una voz cautivadora:
una voz que nos llama a caminar hacia adelante.

Una voz que ilumina al suelo y al alma.

Una voz que nos invita a unirnos a Él.

2
El camino del viento

Una voz en el viento

Semanas después de iniciar mi travesía
llegué a los linderos de un territorio conocido por mi gente
como "la tierra de los acantilados sinuosos".

Crestas de arenisca llenaban el horizonte.
Enebros asomaban en las laderas de los rocosos acantilados
pero, a excepción de ellos, la vegetación parecía escasa.

Nunca había visto esta tierra, pero había escuchado rumores
sobre ella entre mi gente. Se decía que era un sitio a evitar...
un territorio confuso donde muchos entraban y pocos volvían.

Pero ahí estaba, demasiado inmenso para evitarlo o eso pensé.
De manera que entré en él, a pesar de las advertencias de mi gente.

Durante la mayor parte del día elegí con cuidado mi camino
entre un cañón y otro, y consultaba la dirección al sol sobre mí.

Sin embargo, a medida que el día avanzaba, me sentía
menos seguro de cada decisión.

Para cuando el sol se puso, yo estaba perdido.
Las paredes de roca se elevaban a cada lado, oscurecían
el cielo nocturno y presionaban sus sombras contra mí.

Después de una serie de decisiones que no podía desandar,
me encontré atrapado en un laberinto de callejones
sin salida y barrancos.

Fue la última vez en mi vida en que sentiría temor.

❦

Sí, la última vez,
pues, al despuntar el alba,
descubrí una verdad que ahuyenta el temor:
descubrí, como mi pueblo siempre ha sabido,
que no estaba solo.

❦

Escuché algo. O quizá sea mejor decir que
sentí algo: una agitación en el aire que me rodeaba.

Fue tenue al principio, casi imperceptible.

Pero cuando me sintonicé con ella, la vibración se convirtió
en una voz... su eco viajaba por las curvas hacia mí,
brindando consuelo a mi alma.

❦

Aunque separada por una gran distancia, la voz
me conectó con Aquel que me salvaría.

Su voz se convirtió en mi compañera,
en una guía que me mostró el camino seguro hacia adelante.

❦

Incluso cuando pensaba que me encontraba tan solo,
fui conectado con Él... por el viento.

El aliento de vida

Cuán tonto fui al pensar que alguna vez había estado solo.

Y cuán arrogante.

Como si *yo* hubiera creado el aire que me había dado aliento.

*

Escuché la voz en el viento en el momento
cuando me percaté de que no podría sobrevivir por mí mismo.

Y mientras prestaba atención a esa voz, aprendí la gratitud.

*

Mi gratitud inició con la más básica de las revelaciones:
estaba agradecido por estar vivo.

Y lo que aprendí entre los acantilados sinuosos
fue que mi vida no solo era mía, sino de otro.

Mi vida me había sido *dada*.

La voz que me salvó y el viento
que la transportó hacia mí eran dones. Sí, dones.

Había pasado toda mi vida dándolo todo
por hecho, excepto a mí mismo,
había insistido en hacerlo todo a mi manera.

Había ignorado las advertencias y había
entrado en el territorio de los acantilados sinuosos;
había provocado que mi condición fuera desesperada.

Sin embargo, el viento continuó sosteniendo
cada una de mis respiraciones y prolongando mi vida
para que yo descubriera a la voz que salva.

🙢

Mi joven amigo, espero que no haga falta que sientas
desesperación para darte cuenta: el aire que nos sustenta,
como la luz que nos calienta, es un don del Creador.

Respirar es respirar su aliento.

El aire que sustenta nuestra existencia es un testimonio de la suya.

La conexión de la naturaleza

Este don de arriba conecta a toda la creación.

Mira alrededor y verás que hablo con la verdad.
Pero debes mirar con más que tus ojos,
pues ellos engañan. Debes mirar con tu alma.

※

Las colinas, los árboles, los valles, los ríos...
parecen estar separados y desconectados;
elementos solitarios que se juntan para formar un paisaje.

Pero esto se debe a que el hombre solo mide la conexión
por lo que puede verse con los ojos.

※

Los acantilados sinuosos me enseñaron sobre una
conexión más profunda: una conexión que no se ve
tanto como se escucha o se siente.

Es lo siguiente: la orilla del río no es su banco;
el inicio de la colina no es su ladera; el borde del árbol
no es su rama. Todo se extiende y se une en el viento.

※

Mi joven amigo, cierra tus ojos y verás la verdad
en mis palabras. Tú percibes el río antes de llegar
a sus aguas. Tú sientes la presencia de las colinas antes
de llegar a sus faldas. Tú escuchas los árboles antes
de que te ofrezcan su sombra.

❦

Tu presencia también se comunica a todo lo que te rodea
mucho antes de tu arribo corporal,
pues el espacio entre los elementos de la naturaleza no está vacío.
Está ocupado por completo... ocupado por el aire que nos une.

Caminar es presionar tu presencia en todo aquello entre lo cual
caminas y sentir la presión de su presencia a cambio.

❦

Como la voz salvadora de mi redentor,
tu presencia se extiende muy por delante de ti.

Ella camina —hacia adelante o hacia atrás— sobre el viento.

La conexión del hombre

Tú conoces la conexión de la que te hablo.

La has conocido desde tu nacimiento, pues la conexión
de la naturaleza es apenas un indicio de la del hombre.

🍂

Tú no estás más separado de tu familia y amigos
que lo que lo están los elementos de la naturaleza que te rodea.

¿Cómo lo sé?

Porque, a pesar de que se han marchado desde hace muchos años,
hasta el día de hoy siento la brisa de mi madre, el firme viento
de mi padre, los soplos de mis hermanas y de mi hermano.

Sus vidas y la mía aún se mezclan en mi alma.

🍂

Mi joven amigo, desearía poder rodearte con mis brazos
y mirarte a los ojos para ayudarte a comprender.

Mi vida nunca fue solo mía. Tu vida tampoco es solo tuya.

Debemos nuestra vida a otros.

Y en nuestro diario existir vivimos *juntos,* conectados
con las personas que nos rodean. Ellas ocupan nuestros
pensamientos y alimentan nuestros sentimientos, y nosotros
hablamos sus palabras a través de nuestros labios.

Siempre conversamos, incluso a través de nuestro silencio,
pues nuestros corazones siempre se envían
mensajes a través del viento.

Mensajes en el viento

Existe una leyenda sobre el viento que deseo que conozcas.

*Se dice que el viento tiene un espíritu propio.
Es por ello que puede moverse alrededor de la Madre Tierra.*

*Mientras se mueve alrededor de la Tierra, el viento transporta en su interior
las palabras murmuradas por los labios y los corazones de cada hombre,
mujer y niño. Cada risa, cada triste suspiro,
cada sonido gozoso, cada palabra vil, cada canción...*

*Se dice que el viento transporta estas palabras
y sonidos en su seno hasta el último día,
cuando nos presentamos, con el viento, ante el Creador.*

*Ese día, el viento liberará las palabras de nuestros labios y corazones
y escucharemos los mensajes que enviamos a través de él.*

*Se dice que, en ese momento, nuestros mensajes nos provocarán
profundo gozo o amarga tristeza.*

Pronto, yo veré ese día
pero ya soy testigo de la leyenda,
pues he escuchado los sonidos del hombre en el viento
y mi corazón se ha sentido a veces feliz y
a veces triste por lo que ha escuchado.

Pero hay más en cuanto a esa leyenda, mi joven amigo.

Y esto es lo que deseo que recuerdes mejor.

Nuestros corazones y sus mensajes pueden cambiar.

Cuando estemos de pie frente al Creador, nos entristeceremos o nos sentiremos gozosos por los mensajes que nuestros corazones pronuncian.

Entonces, mi joven amigo, cuando despunte la aurora, permite que tu corazón se llene con palabras de agradecimiento por tu diario caminar.

La felicidad misma depende de ello.

3

El camino del agua

La necesidad de agua

Escapé del territorio de los acantilados sinuosos hacia el sur.
Y, cuando lo hice, cambié el curso hacia donde,
en un inicio, había planeado ir.

A partir de ese día ya no hui de mi pueblo,
sino solo persistí en mantenerme lejos de él.

Los días se volvieron meses y los meses, años.

Me convertí en un hombre sin la compañía de mi padre
y sin el preocupado consuelo de mi madre.

Las colinas y los valles me criaron.

🜄

Entonces, así como ahora en mi diario andar, he buscado
la respuesta a una pregunta sobre todas las demás:

¿Dónde encontraré agua?

🜄

Piensa en el agua por un momento.

¿Alguna vez has considerado todo lo que hace por nosotros?

He aprendido a caminar cerca del agua, pues a su lado
la tierra brota para brindar sombra y frescura.

Intento descansar cerca del agua,
pues la necesito para mi nutrición y fortaleza.

Me baño en el agua, pues limpia y vigoriza mi piel.

◊

Mi destino último al finalizar cada día
ha sido un estanque de agua pura.

Y cuando viajo en lugares secos, cada mañana
he partido con tanto de ese estanque como puedo cargar,
pues he aprendido de los trayectos secos en los desiertos solo
pueden ser superados por aquellos sostenidos por aguas profundas.

Yo lo sé, pues he tropezado y he caído con el rostro
contra el suelo del desierto, con la garganta incapaz de tragar,
con los ojos incapaces de ver.

Conozco la sensación de caminar mucho sin agua.
He sentido los dedos sedientos de la muerte que
se constriñen alrededor de mi alma.

◊

Como es común en muchas cosas de la vida, no logré comprender
cuánto necesitaba al agua hasta que me vi sin ella.

Sequía en el alma

Yo digo esto no para asustar sino para advertir.

Quizá tú también vagas por desiertos, como yo lo he hecho, sin ser consciente de tu peligrosa carencia de agua.

🜂

No te confundas. No hablo tanto de donde los pies andan, sino de donde los corazones andan.

Los desiertos y los exuberantes bosques *alrededor* de nosotros reflejan los desiertos y los exuberantes bosques en nuestro *interior*.

🜂

Nuestro cuerpo, como la Tierra, puede estar seco y sediento. Y ambos apuntan a la sed del alma.

Humedad del alma

Déjame contarte sobre *mi* sed.

O, en lugar de ello, déjame contarte sobre mi *recuperación*
de esa sed y, con ella, sobre el deseo por la vida
que redescubrí a través del agua.

🌢

Desearía poder decir que me interné en territorios salvajes
por mi amor a la naturaleza, pero tú sabes que eso no sería cierto.

Una existencia solitaria en el desierto parecía ser mi única
opción cuando di la espalda a mi gente.

🌢

Durante varios meses, el motivo de mi huida,
tan perturbadoramente claro para mí entonces, poco a poco
desapareció de mi corazón... o quizá deba decir que fue lavado de él,
pues, al mirar hacia atrás, creo que fue el agua,
más que cualquier otra cosa, lo que limpió mi alma.

A pesar de que yo estaba enojado con toda la creación,
de que maldecía a cada colina, golpeaba a cada árbol, injuriaba
a cada valle y pateaba a cada río, sin importar cuánto lo intentara,
no podía permanecer enojado con el agua.

🌢

Lo intenté, oh, cuánto lo intenté, porque odiaba a la vida misma.

Pero cada día, al inclinarme hacia el río para beber, optaba, no obstante, por vivir.

Piensa en ello. Los fríos tragos refrescaban mi cuerpo, eso es seguro. Pero mucho más poderoso fue el refrescamiento de mi alma.

🌢

Ahora estaba sediento por salvar la vida que había odiado.

Y con cada trago salvador, aquellos que me habían dado la vida parecían también más merecedores de salvación.

El agua humedecía mi corazón.

Las lecciones del agua

El agua humedeció mi corazón mientras yo observaba
cómo humedecía a la tierra.

💧

Yo observé cómo el agua producía sombras verdes
en abundancia, todo a lo largo de su trayecto,
y ofrecía una cubierta confortable del sol abrasador.

En comparación, comencé a darme cuenta de que los bancos
en mi alma eran estériles. Lo supe porque apenas
daba un respiro a los amargos sentimientos que hervían
en mi interior. El mero hecho de pensar en mi rival agitaba
resentimientos dentro de mí y aún albergaba rencores
contra mi padre y nuestro pueblo.

No había abundancia en mi alma
porque mi corazón se había secado.

💧

Observé también que el agua no se hería.
Tan pronto retiraba mi pie, mi mano o mi lanza de su corazón,
el agua lavaba la herida y quedaba entera de nuevo.

Mi alma, por el contrario, tenía demasiadas heridas.
Yo preservé cada dolorosa cicatriz en su estado original,
como antiguas imágenes cinceladas en piedra,
como evidencias de la culpa de otro.

💧

Pero, cada día, el agua me enseñó algo distinto.

La misión del agua no es preservar el daño sino lavarlo.
Y no solo eliminar la batalla de la tierra, sino combinarse
con el aire y la luz para que la belleza crezca en su lugar.

🝆

Si alguna vez existió un hombre que necesitara agua
para que obrara su milagro en su corazón, ese fui yo.
Cuando hui de mi gente, mi alma se ulceró y agonizaba.
Yo necesitaba agua para que me trajera de regreso a la vida.

La búsqueda diaria de agua para refrescar y limpiar mi cuerpo
se transformó también en una búsqueda de agua
que refrescara y limpiara mi alma.

🝆

Cuando la encontré no pude creer lo ciego que había sido.

La fuente del agua

Cierto año, en el clímax de la estación seca, me encontré
con una tormenta más poderosa que lo que nunca antes
o después he experimentado.

El agua caía de los cielos y llenaba el aire de manera
tan completa que incluso me resultaba difícil respirar.

En minutos, lo que antes había sido un territorio yermo
se transformó en un furioso río de tierra deslizante.

El suelo cedía por completo a mi alrededor
y amenazaba con arrastrarme en su furia.

Busqué un refugio pero no encontré ninguno.
Los árboles estaban indefensos contra el peso de la tormenta
y mi piel de venado, que intenté asegurar como barrera,
me fue arrebatada por el torrente.

Por instinto escalé por una suave y rocosa ladera.
Había estado en esa área durante algún tiempo
y conocía bien sus perfiles:
un ligero domo en la tierra que corría hacia
ambas direcciones hasta donde alcanzara la vista.

La roca brindó sustento a mis pies y, bajo la tormenta
lacerante, comencé a correr con todas mis fuerzas
en dirección al territorio de mi pueblo.

🌢

No soy un hombre sentimental.
O, cuando menos, no lo había sido hasta aquella noche.
Sin embargo, mientras corría, lloré lágrimas tan copiosas
como la lluvia sobre mí.

Corrí durante toda la noche y hasta la mañana siguiente,
hasta que, por fin, la tormenta cesó.

La luz se coló entre las nubes que se separaban sobre mí
y expulsaba a las sombras de la Tierra.
Yo levanté los ojos en dirección hacia la cual había corrido.

Lejos, a la distancia, pude distinguir una figura débil
contra el cielo, un contorno que nunca hubiera sido visible
excepto por el aire claro, posterior a la tormenta.

Era una montaña. No solo cualquier montaña, sino una
montaña que yo había evitado durante mucho tiempo.

Yo miraba, desde la distancia, la cima de la Gran Montaña:
el último lugar donde había visto a mi pueblo.

Incliné la cabeza en silencio.

El agua, que me había serenado durante meses y años,
por fin había sanado mi corazón.
Mis lágrimas me llevaron a casa.

La lluvia había resucitado, desde las profundidades
de mi interior, mi deseo de estar con mi gente.

◊

Miré hacia el cielo. La lluvia había caído desde donde
ahora el sol brillaba. Fue entonces cuando lo supe: el agua que
limpia el corazón proviene del mismo sitio que el sol que lo ilumina.

El agua también es un don de arriba.

4

El camino de la piedra

La sabiduría de la piedra

Mencioné que la noche de la gran tormenta encontré
un pasaje seguro en una formación de piedra... una de las numerosas
veces en que la piedra me ha sustentado, enseñado o salvado.

"¿Enseñado?", quizá te preguntes. *"¿La piedra enseña?"*

Sí.

Cada piedra que observamos ha estado en la Tierra por siglos.

¿Deberíamos sorprendernos si poseen una sabiduría
que nosotros no poseemos?

Durante los meses y años que estuve separado de mi gente,
la sabiduría estuvo a mis pies todo el tiempo.

Las piedras que conocieron cada uno de mis pasos
—esos silentes patriarcas de los años pasados—
hicieron de la sabiduría mi cimiento.
O, cuando menos, se ofrecieron a hacerlo.

Para volverme sabio, tuve que aprender a escuchar su silencio.

El fundamento de la paz

Al inicio escuché a la piedra
solo cuando acudí a ella por ayuda,
como cuando necesitaba cruzar un río
o cuando deseaba dar forma a una herramienta.

Pero incluso cuando la ignoraba, la piedra siempre
se ofreció a mí y dio sustento a cada uno de mis pasos.

¿Qué me ha ofrecido la piedra?

En una palabra:

paz.

¿Por qué paz?

Porque en las contrariedades, como durante la gran tormenta,
la piedra me ha ofrecido un pasaje seguro.

Cuando la Tierra ha parecido transformarse alrededor de mí,
la piedra ha sido mi cimiento seguro.

Cuando mis exiguas capacidades me han dejado
desesperado y ansioso, la piedra me ha ofrecido su mano
y me ha permitido fabricar armas, utensilios y herramientas
que me han dado los medios para vivir.

Hablo de los dones de la piedra para el cuerpo, sí,
pero solo para enseñarte sobre los dones de la piedra para el alma.

Pues así como la luz exterior apunta a una interior,
así como el agua limpia mi alma tanto como mi piel,
la piedra bajo mis pies señala algo en el interior.

Mi joven amigo, considera tu vida
y encontrarás evidencias de lo que te digo.

Es probable que puedas recordar momentos
cuando te has sentido inestable, incluso cuando el suelo
debajo de ti era sólido.

Y otros momentos cuando quizá te has sentido
bien plantado y en paz, sin importar el terreno.

La piedra que ha soportado mis pies me ha enseñado
sobre una piedra más grande: una piedra que ha soportado
cada calamidad y que, por tanto, puede darme sustento en la mía.

En mi andar he descubierto una piedra
que da soporte al corazón.

Cada paso hacia adelante en mi caminar
ha sido un paso en el camino de esa piedra.

Ser como una piedra

Encontrarás esta piedra segura a medida que te vuelves
como las piedras que te asisten en tu travesía.

No cometas el error que yo cometí al inicio de mi viaje:
menospreciar a las piedras. Ellas son nobles.

Al principio de mi huida, yo las ignoré. Ahora las venero.
En ocasiones las maldije. Ahora las alabo.

Ser como una piedra... sin duda es una meta valiosa.

Digo esto con toda seriedad.

No te ofendas con la piedra que gira bajo tus pies.
Después de todo, la piedra no está ofendida contigo,
a pesar de ser tú quien la hizo girar.

¿Aprecias la voluntad de las piedras de sustentarte
incluso cuando te esfuerzas al máximo por herirlas?

¿Notas su voluntad de ayudarte
incluso después de que tú las has ignorado?

¿Acaso te sobrecoge que ellas ofrezcan la misma ayuda
a todos los que pasan cerca, sobre y encima de ellas?

¿Te conmueve su humildad y su paciencia?

¿Te instruye su manera de calentarse con la luz?

Ser como una piedra.

Sí. Ese se ha convertido en el deseo de mi corazón.

Uso de la piedra hacia adelante y hacia atrás

No malinterpretes.

El mundo piensa en la piedra como algo frío,
algo rígido, algo implacable.

Eso es lo que la piedra parece en la oscuridad... cuando *nosotros*
somos fríos, rígidos e implacables. *Y* también cuando testificamos
el daño que puede hacer una piedra cuando es blandida
por aquellos cuyos corazones son fríos, rígidos e implacables.

Sin embargo, la piedra es muy distinta bajo la luz.

Aquellos que caminan hacia adelante también usan la piedra,
pero la usan para ayudar, no para dañar; para crear, no para destruir.

Nuestra comprensión, consideración y uso de la piedra
depende de nuestro caminar:

Camina hacia adelante en la luz y la piedra
será un medio para transmitir paz.

Camina hacia atrás en la oscuridad y será un medio
para hacer la guerra.

Cuando vi esto en la piedra, vi mi reflejo en las rocas,
pues, en ocasiones, *yo* genero paz y en ocasiones hago la guerra.

La piedra es lo que yo hago de ella.

La piedra es una extensión de mí.

La pregunta de la piedra

Como ya he leído en las paredes de piedra
las historias de aquellos que se marcharon antes;
como he agregado mis propias historias
para aquellos que vendrán después; como he usado
a la piedra para dar nueva forma a la Madre Tierra,
he llegado a escuchar de la piedra una pregunta.

Sí, una pregunta.

Que no te confunda el silencio.
Es solo la paciente espera de la piedra por tu respuesta.

He aquí la pregunta de la piedra:

¿Qué impresiones y depresiones dejarás
en la gente que te rodea?

Como las piedras más afiladas, nuestras palabras,
nuestras acciones, nuestras actitudes... todas ejercen su influencia.

Ellas graban historias en el corazón de otros.

Nosotros grabamos esas historias en nuestro propio corazón,
pues, hagamos lo que hagamos en el exterior,
la gente sabe lo que sentimos por ella en nuestro corazón.

Entonces la piedra formula esta pregunta:

¿Nosotros invitamos a la paz o provocamos la guerra?
¿Caminamos hacia atrás, herimos al paisaje
con corazones mellados o caminamos hacia adelante,
sobre el camino de piedra que es el cimiento de la paz,
invitando a otros, por nuestro apacible caminar,
a que nos acompañen?

5
El camino de las plantas

El secreto de las plantas

Para todos aquellos con el deseo de cambiar su caminar,
la naturaleza despliega en abundancia la manera de hacerlo.

La respuesta crece a tu alrededor.

🍃

Perdóname si parece que hablo en acertijos.
No es mi intención. Los acertijos son oscuros,
mientras que el sendero para caminar hacia adelante
es claro, tan claro como las flores ante ti.

Pues las plantas, mi joven amigo, conocen un secreto:
el secreto para caminar hacia adelante.

🍃

Parece extraño decir que las plantas caminan
hacia adelante, pero lo hacen.

Y es una pena que su conocimiento sobre
caminar hacia adelante permanezca como secreto,
pues ellas han hablado sobre esto a todos los
que escuchan desde el inicio de los tiempos.

🍃

Escúchalas, mi joven amigo,
y ellas te mostrarán el camino.

El servicio de las plantas

Puedes oír el secreto con mayor claridad
cuando escuchas desde una gran distancia,
pues el secreto de las plantas es más obvio
en ausencia de las plantas.

🍃

Este no es otro acertijo, sino un simple reconocimiento
de lo que es tristemente cierto: el hombre percibe la carencia
mucho mejor que la abundancia.

Cuando las plantas están ausentes es cuando aprendemos a verlas.

🍃

Mi aprendizaje de las plantas comenzó mientras vagaba
a través de una austera llanura desértica.

Durante cinco días no encontré alivio al calor.
El alimento escaseaba. Sin vegetación, viví de serpientes
y roedores del desierto, tal como eran.

En el árido desierto de la llanura
incluso esas criaturas eran escasas.

Cuando las encontraba, comía su carne cruda,
pues no había madera para hacer fuego.

🍃

Llegué a detestar esa llanura. Era un sitio áspero e inmisericorde.

Carecía de variedad y de belleza natural.

No proporcionaba refugio contra el calor o las tormentas.

Era estéril en cuanto a los habitantes necesarios
para dar sustento a la mayoría de las criaturas.

Contenía muy poco alimento y carecía de la madera
que me hubiera permitido preparar de forma adecuada
lo que pudiera encontrar.

🍂

La mañana del tercer día me percaté de que, no obstante
que la llanura parecía carecer de tanto, en realidad
carecía de una sola cosa:

vegetación.

🍂

Todo lo que me hacía falta era el servicio
proporcionado por las plantas.

La fuente de la belleza

De todas las creaciones de la Madre Tierra
quizá ninguna sirva de manera tan completa
como las plantas.

Considera su servicio:

ellas brindan alimento, refugio, sombra, hábitat,
soporte contra la erosión y materia prima
para la construcción de herramientas
y preparación de fuego.

🍃

¿Es solo una coincidencia que las creaciones que proporcionan
la mayor ayuda sean también las más hermosas?

Yo creo que no.

Pues he conocido personas que brindan servicio,
a la manera de las plantas, y sus vidas han sido
las vidas más bellas que he conocido.

🍃

Ellas, como las plantas, se estiran hacia los cielos en su vivir
y, al estirarse hacia el cielo, han llegado hasta mí.

Falsificaciones

Pero sé cauteloso, mi joven amigo.
Hay falsificaciones en la naturaleza.

Cada planta que es buena para alimentar es imitada
por otra que te hará enfermar.

❧

En esto, la naturaleza enseña sobre la vida,
pues existen muchos elementos peligrosos
que intentarán parecer atractivos ante tus ojos.

La mayoría de ellos no se considerarán peligrosos a sí mismos
y el peligro es que tú tampoco los considerarás así.
Pueden actuar de maneras que te parecerán
divertidas y emocionantes. Y, al ofrecerte gratificación,
tú podrías creer que te brindan un servicio.

Pero ten cuidado. Algunos robles son buenos, otros son venenosos.
Existen muchos cuya ofrenda, aunque cautivadora,
no es el gozo sino la lucha.

Así como debes separar lo auténtico de lo falso en la naturaleza,
debes hacer lo mismo en tu vida.

❧

¿Te parezco viejo o desinformado?

En verdad deseo parecer viejo, pues viejo soy
y es por mis años que puedo dar consejo.

Pero si te parezco desinformado, me preocupa tu salud.
Temo que ya estés intoxicado por las falsificaciones.

🌱

Sé cuán tóxicas pueden ser las falsificaciones,
pues fue bajo su influencia que yo volví la espalda
a toda la verdad en mi vida.

No fue sino hasta que vi el veneno disfrazado
de alimento que me comprometí a permanecer
en el camino de la recuperación.

🌱

Mi joven amigo, presta atención a lo que consumes.

He vivido muchos años amargos debido al fruto
amargo que he saboreado.

A medida que aprendes cómo discernir entre lo bueno
y lo malo en la naturaleza, descubrirás una capacidad
para hacer lo mismo en la vida.

En esto, también, las plantas te hacen un servicio.

Esperanza en el desierto

En muchas regiones desérticas
puede encontrarse una planta muy interesante.

Es sencilla y nada espectacular. Durante años languidece
en la oscuridad, se mantiene cerca de la tierra
y no atrae ninguna atención hacia sí.
No hay nada en ella que la haga deseable.

Pero esos numerosos años de aparente inactividad
en realidad son años de preparación.

De súbito, como si surgiera de la nada,
la planta genera un tronco gigante hacia los cielos.

En una breve estación, esta planta, humilde y modesta,
crece más alta que las demás.

Se eleva para que todos puedan verla.

*

Pero entonces, en el clímax de su reputación
y su poder, la planta de pronto muere.

Aquellos que no saben pensarán que está afligida y sufre,
pero su súbita muerte ocurre de acuerdo con un plan.

Muere porque da todo lo que tiene en su ascenso
hacia el cielo. Y su ascenso no es en vano,
pues al morir esparce semillas de vida sobre la Tierra.
Muere para que otras también se eleven.

Mi joven amigo, permite que la vida del áloe te inspire y te guíe.

    Habla menos y aprende más. Prepárate para crecer
alto y erguido. En todo lo que hagas, apunta hacia el cielo.

    Hazlo así e inspirarás a otros a hacer lo mismo.

    Las secas pendientes del desierto y las extensiones
de asfalto de tu era necesitan tu inspiradora presencia.

    Siémbrate en un buen suelo.
Atesora el rocío del cielo y almacena agua
en tu alma. En todos tus días déjate acariciar
por la luz del sol.

Entonces tú, como el áloe, te transformarás en un faro de esperanza.
Y, por ti, su sacrificio no habrá sido en vano.

6
El camino de los animales

Un tejón y una piedra

Los animales perciben nuestro caminar.

No me refiero solo a que detectan nuestra presencia. Me refiero a que, en momentos, ellos sienten las intenciones en nuestro corazón; es decir, si nuestro corazón camina hacia adelante o hacia atrás.

Quizá dudes ante mis palabras. Hubo un tiempo
cuando ni yo mismo lo hubiera creído.

Pero entonces me encontré a un tejón con una piedra.

Sucedió no mucho después de que escapé
del territorio de los acantilados sinuosos.

Mis sandalias se habían desintegrado de mis pies y, con ellas, parte de mi confianza entre las colinas. Hormigas rojas y abrojos me hacían retroceder a cada paso. Por fin, me recosté para descansar bajo la sombra punzante de una artemisia.

Después de algunos minutos escuché al otro lado
del arbusto un gruñido sordo y un ruido de escupitajo.
Giré la cabeza para mirar.

A menos de cinco pies de distancia había un agujero
recién cavado. Del agujero emergió una grupa peluda:
la grupa de un enorme tejón que retrocedía en la rampa de tierra.

Sostenía apenas, con sus garras frontales, una piedra
del tamaño de un puño que arrastraba y rodaba
hacia arriba por la rampa.

Olvidé mis problemas mientras contemplaba la escena.

Cuando el cuerpo del tejón llegó a la cima de la rampa,
se inclinó con torpeza hacia el otro lado y soltó la piedra.

Gruñó y regresó por ella. Una y otra vez intentó hacer lo mismo,
solo para soltarla en la cima.

Cuando por fin lo logró y estaba a punto de regresar,
quizá por otra piedra o para descansar, me vio.

En ese momento estuve a punto del desmayo,
pues por mi interés en los afanes del tejón
olvidé cuán feroces pueden ser.

Me dirigió una larga mirada, luego asintió
y se deslizó con suavidad por la rampa
hacia su nueva guarida.

El viejo tejón percibió mi corazón.

Yo no deseaba causarle daño.

En ese momento resolví andar de forma apacible
con los animales en mi caminar.

El lenguaje de los animales

Por desgracia, no siempre he caminado así.

Con mucha frecuencia, antes de ese día y a menudo
desde entonces, no he logrado atender lo bastante a los animales
como para aprender cómo conversar con ellos en sus propios lenguajes.

Sí, escuchaste bien.
Conversar con ellos en sus propios lenguajes.

Toda la creación habla y escucha.
Solo el hombre es duro de oído.

El tejón me habló aquel día junto al arbusto
y muchas criaturas me han hablado desde entonces:
el ciervo, la serpiente, el puma...

En todo lo que tú y yo hacemos, hablamos también con ellos,
pues nuestros movimientos forman parte de nuestro hablar.

Rostros entre los animales

He aprendido que mi fracaso para conectarme con los animales
ha sido un reflejo de mi fracaso para conectarme con la gente.

El ciervo que no logré apreciar,
la víbora cuya ira provoqué,
el puma que obligué a huir por temor...
Mira con atención, mi joven amigo, y verás, como lo hice yo,
que esos animales tienen rostros y son rostros
de personas que hemos conocido.

Cuán sorprendido me sentí al descubrir esto,
pues hui al territorio silvestre para estar solo.
Sin embargo, lo que descubrí cuando llegué
fue que traje mi mundo conmigo.

Vino conmigo porque mi mundo es como yo lo percibo
—y como lo invito a ser— en mi corazón.

Entré en el territorio silvestre con el mismo corazón amargo
que llevaba entre mi gente.

Lo que descubrí, primero entonces y muchas veces
desde entonces, fue que, dondequiera que vamos,
llevamos nuestro mundo con nosotros.

Los animales, por su respuesta hacia nosotros,
nos dan la oportunidad de ver no solo un nuevo
territorio sino, en el mismo acto, un nuevo hogar.

Pues nuestra malicia se muestra a través de ellos
y revela nuestro caminar hacia atrás.

Cada rostro frente a mí me da la oportunidad
de amar todos los rostros.

Mi joven amigo, ¿comprendes mis palabras?

Aprende a vivir en paz con el ciervo, la serpiente
y el puma, y descubrirás la paz
también hacia tu gente.

Honrar a la creación

Antes, los animales me provocaban miedo.

Pero eso era porque yo pensaba en mí mismo.

Cuando aprendí a pensar en *ellos*, todo el miedo me abandonó.

En su lugar sentí admiración y paz.

Esto es lo que quiero decir con "pensar en los animales":

Cuando veo un ciervo, me pregunto cómo será su vida.

Cuando me encuentro con una serpiente, la observo para
aprender cómo merodea para encontrar a su presa.

Cuando me topo con un puma, contemplo
su naturaleza esquiva y cómo su timidez lo convierte
en una vista rara entre los Seres de Dos Piernas,
pues antes de llegar al territorio silvestre, si pensaba en otros,
solo era para descubrir lo que estaba mal en ellos.

Encontrar en otras criaturas detalles de interés,
características por apreciar, fue, sin duda,
una experiencia novedosa.

Pronto descubrí que sentía anhelo por el ciervo,
que respetaba la ocupación vital de la serpiente
y que aprendía del sentido común del puma.

De forma muy natural, solo al interesarme por ellos,
aprendí sus lenguajes: los sonidos, acciones y aromas
a los cuales responden bien y aquellos que los perturban.

Aprendí a caminar de forma apacible entre ellos.

Como todas las creaciones, el ciervo, la serpiente y el puma
fueron honrados por mi respeto a su Lugar de Pertenencia.

Ellos aceptaron mi caminar y recuperaron la paz.

La ofrenda de los animales

Quizá te sorprenda escuchar la palabra *paz* aplicada
a los animales, dado que muchos de ellos matan para sobrevivir.
Pero obsérvalos y comprenderás.
Hay dos maneras de caminar, incluso al cazar.

Permíteme explicarme con otra leyenda, una historia conocida
entre mi gente como *La leyenda del cordero*.

*Se dice que, antes de que se establecieran los cimientos de la Tierra,
los animales se reunieron en gran concejo
para decidir el orden de su existencia.*

¿Cómo podrían sobrevivir y multiplicarse?, se preguntaban.

¿Cuál sería su fuente de alimento? ¿Todos comerían césped?

Entonces, ¿qué quedaría para cubrir la tierra con suavidad?

¿Y quién habitaría las cimas más altas y los valles más profundos?

El debate se hizo cada vez más sonoro y acalorado.

*Entre el clamor, el gran concejo no notó que uno entre ellos
se había abierto camino poco a poco hasta el frente.*

Él llamó su atención: "Mis hermanos y hermanas de la Tierra".

*Todos los que hablaban guardaron silencio. Ante ellos estaba de pie uno
que comía césped: un cordero. No solo cualquier cordero sino el más grande de todos.*

—*Mis queridos amigos* —*comenzó*—. *Ustedes son amados para mí, como ya saben.*

He llegado a conocer sus corazones, todos y cada uno.

*Ellos los guiarán para que se multipliquen y reaprovisionen la Tierra,
desde sus cimas hasta sus profundidades.
Pues este es el deseo que está en ustedes:
el deseo de cumplir con la medida de su creación.*

*Pero deben ser libres para hacerlo: el ave debe volar;
el león debe vagar por la tierra; el pez debe explorar todas las aguas.*

No deben estar atados al césped.

Yo les proporcionaré la libertad que necesitan proveyéndoles alimento a todos.

El gran concejo miró alrededor, sorprendido.

—*¿Cuál alimento?* —*preguntaron, casi al unísono.*

—*Me ofreceré a ustedes como su alimento* —*respondió el cordero*—.

Mi carne y mi sangre los sustentarán dondequiera que necesiten ir.

—*¿Pero cómo podrías?* —*preguntó uno.*

—*Ya lo verás* —*indicó.*

El gran concejo quedó en silencio.

El silencio continuó durante horas.

No era un momento para palabras, solo para sentimientos.

Todos meditaban sobre el sacrificio del cordero.

*Por fin, de la reverente quietud,
una paloma alzó el vuelo y entonó una canción al viento.*

—*Este acto no debe ser olvidado* —cantó—.

Este acto debe ser recordado.

Nuestras vidas deben unirse a la ofrenda,
nuestros actos deben testificar el suyo.

La paloma se posó en el hombro del cordero
mientras la música crecía en el viento.

El gran concejo se unió en una sola voz y canción
y agregó sus palabras a la brisa.

—*Nosotros también debemos ofrendarnos, como él lo ha hecho* —cantó—.

Nosotros también debemos dar, pues cada acto de ofrenda
señala el acto por el cual se nos concedió la vida.

Mi joven amigo,

¿ves ahora por qué uso la palabra *paz* para describir a los animales?

Sus muertes son ofrendas sagradas.

Ellos ofrecen el mismo regalo a ti y a mí
como lo hacen a sus criaturas semejantes.

En similitud al cordero,
se dan a sí mismos para que otros puedan vivir.

7

El camino de "Nosotros"

La historia de mi pueblo

Me gustaría platicarte más acerca de mi pueblo.

Nuestra historia podría ayudarte a ver el mundo de nuevo
y a descubrir la majestad que vive en las colinas.

Mi pueblo ha estado en esta Tierra tanto tiempo
como el tiempo mismo o, cuando menos, eso es lo que se dice.

De acuerdo con la leyenda, el Creador hizo a la Madre Tierra
y la vistió con luz, viento, agua, piedra, plantas
y animales. Después colocó a mi pueblo entre su creación.

Se dice que toda la creación vivía en armonía.
En todo lo que hacían, la luz, el viento, el agua,
la piedra, las plantas, los animales y mi pueblo se apoyaban
entre sí. Se convirtieron, en el lenguaje de mi pueblo,
en "Nosotros"; es decir, "como uno".

Esto complació al Creador.

Pero esta armonía no duró. Algunos dicen que una nube oscura
envolvió a la Tierra y desvió a mi pueblo del camino de la luz.

Otros dicen que estaban atados por una gran cuerda
que alejaba sus pies del seguro camino de la piedra.

Como quiera que haya sucedido, el corazón de mi gente
comenzó a caminar hacia atrás, contra la creación.
Reinó la oscuridad y la armonía se rompió.

Al contemplar la lucha entre las obras de sus manos, el Creador
derramó lágrimas como la lluvia sobre las montañas.

A menos que la creación pudiera volverse una otra vez,
los hijos de la Madre Tierra estarían perdidos.

De acuerdo con la leyenda, las lágrimas que Él lloró eran divinas.
Eran una manifestación de su amor por el hombre
y ese amor descendió de los cielos y bañó a toda la creación.

La luz, el viento, el agua, la piedra, las plantas
y los animales —todos los cuales habían oscurecido
por el caminar hacia atrás de mi pueblo— fueron creados
de nuevo. El amor del Creador fue hecho para
resplandecer a través de ellos de una manera
que pudiera atravesar cualquier oscuridad.

Pues por el acto de amor del Creador, los elementos
se transformaron en "Nosotros": uno entre sí y en Él.

A través de su testimonio unificado de Él,
invitaron al hombre a unirse a ellos.

Mi visión de mi pueblo

Algún tiempo después de la gran lluvia, se dice que los espíritus visitaron a mi pueblo y le enseñaron el camino de Nosotros.

La creencia en Nosotros, incluso la aspiración a ella, ha formado parte de mi pueblo desde entonces. De acuerdo con la leyenda se dice que, en ocasiones, algunas de mis gentes alcanzaron el nivel de Nosotros y fueron ascendidas al seno del Creador para vivir sus días.

Por mi parte, yo nunca creí en esta o en ninguna otra porción de la leyenda. Las tradiciones de mis padres me parecían anticuadas e irrelevantes. Pero no podía escapar de ellas, pues mis padres creían, así como sus padres antes que ellos, y la idea de Nosotros, como ya mencioné, estaba arraigada hasta en nuestro lenguaje mismo.

Cuando mi corazón se alejó de mi gente comencé a caminar hacia atrás y a tropezar con sus tradiciones, creencias y expectativas.

Mi pueblo y sus maneras me parecían hacia atrás.

—Nosotros parecemos como Nosotros somos —me decía mi padre o, en tu lenguaje, los otros parecen como nosotros somos.

Pero para entonces mi corazón había caminado demasiado lejos como para escucharlo.

Yo ya había rechazado a mi pueblo.

El despertar al Nosotros

Cuando llegué al territorio silvestre, estaba
decidido a demostrar que mi pueblo estaba equivocado.

Estaba comprometido a no aprender nada entre
la naturaleza, excepto la estupidez de mis padres.

Así inició mi educación en Nosotros.

Sí, Nosotros. ¿Crees que es estúpida la manera
como describí las tradiciones de mi pueblo?

Yo era el estúpido y fue la naturaleza la que me lo enseñó.

El viento me enseñó que nosotros *estamos* conectados,
así como los ancianos entre mi gente habían sugerido.

La piedra me enseñó que yo ejercía una influencia
continua en otros a mi alrededor y los invitaba
hacia la paz o hacia la guerra.

Las plantas trajeron a mi memoria las apacibles
ofrendas que yo había recibido de mi gente.

Mis encuentros con animales revelaron cuántas veces
mi invitación a los otros había sido hacia la guerra.

El agua purificó mi memoria y me condujo a mi hogar.

Y la luz ahuyentó la oscuridad y reveló,
en todo lo que me rodeaba, al Creador de todo.

𖤐

Tal vez no creas en las lágrimas divinas o en el poder redentor que descendió sobre todas las cosas para que la creación pudiera ser reclamada de la oscuridad.

Pero sábete esto, mi joven amigo: en el territorio silvestre, *yo* fui reclamado de la oscuridad. Y he conocido a muchos, a lo largo de mi camino, que también han sido reclamados.

𖤐

Camina entre las colinas, los árboles, los valles
y los ríos y sabrás en tu corazón
que la independencia es un mito.

Pues el "Yo" está conectado con otros en Nosotros.

Estar vivo es estar con otros.

Estar en paz con los otros es ser Nosotros.

La mentira en el "Yo"

Mi joven amigo, tú vives en la era del "Yo"
y la era está cobrando su costo.

Como ya mencioné, el hombre moderno
solo cuida de sí mismo y solo secundariamente de los otros.
Está consumido por la satisfacción de sus "necesidades" personales.

La ironía es que la obsesión del hombre
por sus deseos personales ha oscurecido su mayor necesidad:
la necesidad de vivir en armonía con otros.

Escucha a tu corazón y él verificará mis palabras.

Tú y yo *tenemos* necesidades, desde luego,
pero reconocer que las tenemos es reconocer
que otros también las tienen.

Las necesidades humanas no nos dividen, como sugiere tu época.
Por el contrario, nos *unen,* pues cada uno de nosotros
está igualmente necesitado.

Ver a otro con claridad es ver a alguien
muy similar a ti mismo.

Entonces, cuando otros te parecen muy distintos a ti,
cuando te parecen irritantes, exasperantes y conflictivos,
y tú te sientes molesto por ellos, el camino de Nosotros
te invitaría, como los ancianos entre mi gente me invitaron,
a considerar cuán irritante, exasperante y conflictivo
puedes ser *tú* mismo.

Después de todo, la primera vez que maldije al territorio silvestre,
pensé que lo maldecía porque era un lugar maldito.

Pero mi maldición fue una mentira,
como he descubierto desde entonces.

Mis maldiciones nunca se dirigieron al territorio silvestre.

El territorio silvestre solo se interpuso ante un corazón que maldecía.

Mi joven amigo, camina hacia adelante
y verás a los otros de una manera.

Camina hacia atrás y los verás de otra.

La manera como eliges ver a los otros
depende de la dirección de tu corazón.

Por tanto, en todo lo que veas, pienses y sientas
sobre los otros, recuerda: todos estamos conectados.

"Nosotros (otros) parecemos (parecen)
como Nosotros (nosotros) somos."

Ver a otro es verse a uno mismo.

El credo de Nosotros

Ver la primera verdad de Nosotros
—que todo está conectado— es ver la segunda:
que hay un propósito en el orden de las cosas.

La luz, el viento, el agua, la piedra, las plantas y los animales
se combinan para formar una hermosa creación.

Pero el mundo exterior es solo una representación del interior.

La luz ilumina a más que solo al paisaje; el viento habla
a más que solo a los árboles; el agua limpia a más que solo al cuerpo.

La creación de la Tierra señala a la creación de un alma.

En mi caminar he aprendido a valorar ambas creaciones.
Y la Madre Tierra ha sido generosa
en las lecciones que me ha enseñado.

Estas son las verdades que ha dicho:

Busca la luz.

Escucha para encontrar inspiración en el viento.

Permite que el agua limpie tu alma.

Plántate sobre un cimiento firme.

Sirve como las plantas.

No ofendas a las criaturas semejantes a ti.

Vive en armonía con toda la creación.

Este, mi joven amigo, es el más sagrado
de los recordatorios que debes llevar en tu corazón.

Hazlo así y los despertares del territorio silvestre
te acompañarán dondequiera que camines.

Dondequiera que camines, caminarás bien
si andas por el camino de Nosotros.

El camino de Nosotros te devolverá a tu verdadero
ser y a tu Lugar de Pertenencia entre tu gente.

Destinos
Caminar hacia adelante

Caminar a solas

Siempre estaré agradecido por el tiempo
que pasé a solas entre la naturaleza.

Los claros cielos me ayudaron a aclarar mi mente.

Las frescas brisas me ayudaron a refrescar mi alma.

Las aguas puras me ayudaron a purificar mi corazón.

Fueron necesarios colinas, árboles, valles y ríos
para enseñarme la verdad sobre mí mismo y sobre mi pueblo.

Durante años posteriores, hubo momentos cuando caminé
hacia atrás por vergüenza, autocompasión y orgullo.

No obstante, la luz brilló con paciencia desde arriba;
la piedra continuó sosteniéndome desde abajo;
el viento siguió prestándome aliento.

El agua me dio de beber; la vegetación me proporcionó protección
y los animales me ofrecieron su carne para alimentarme.

El Creador alargó mis días y, en cada uno de esos días,
la naturaleza humildemente me enseñó que yo no había estado,
y que aún podía estar, con mi gente.

Después de muchos años, esta humildad por fin logró
penetrar una barrera tan gruesa como mi orgullo.

La lluvia de la gran tormenta me condujo
hasta los linderos de los territorios de mi juventud.

Y allí, un sueño terminó lo que la luz,
el viento y la lluvia habían iniciado.

El paso hacia una nueva vida

Cuando los cielos dejaron de golpear
sobre mí y la bóveda celeste por fin se aclaró,
me derrumbé sobre la tierra, exhausto.

Cuánto tiempo dormí, no lo sé.
Pudieron ser horas o pudieron ser días.
Pero no descansé en mi sueño. Caminé lejos.
Y desperté con el deseo de un nuevo caminar.

※

Pues en mi sueño me encontré con una leyenda
entre mi gente; un hombre muy venerado,
con un nombre tan sagrado que solo se pronuncia
en plegarias o en canciones.

En mi sueño, yo escalaba por la ladera de una montaña.
Mi padre escalaba conmigo.
Yo no conocía el propósito de nuestra travesía,
pero tal parecía que él sí lo conocía.

Digo "parecía" porque no hablábamos.
Caminábamos en silencio, pero no del tipo belicoso
que yo había conocido en mi juventud.
Por el contrario, era el silencio de la reverencia.

Después de lo que me pareció tanto un largo tiempo
como apenas un momento, llegamos a la cima.
Mi padre se detuvo y, con el brazo extendido,
me invitó a continuar más allá del siguiente recodo.

Yo obedecí a su solicitud.

Al pasar la curva me sorprendió la presencia
de un ser increíble; un ser que por instinto supe
que era el sagrado de nuestras leyendas.

Recuerdo que él participaba en una especie de conversación
con otra persona. Sin embargo, se volvió hacia mí y me fue
concedido saber que esperaba mi llegada de forma específica.

Irradiaba una luz increíble; sin embargo,
la luz no era enceguecedora o cruel.
Era invitante, suave y amorosa.
No obstante, su brillo supera cualquier descripción.

En ese momento sentí un amor como nunca antes había conocido.
Me atrajo hacia él. Yo corrí hacia él y nos abrazamos.
Creo que caí a sus pies, pero ya no puedo recordarlo
con exactitud. Sin embargo, nunca olvidaré
ese abrazo ni sus ojos, pues eran amor puro.

Pero entre la gloria de la experiencia hubo un elemento
que me perturbó, pues a pesar de saber por instinto
que me encontraba entre los brazos del sagrado,
recuerdo que me pregunté, mientras nos abrazábamos,
si en verdad era él.

En ese momento de incertidumbre supe que algo
en la manera como había vivido mi vida
me impedía experimentar su totalidad
y mi corazón se estremeció de angustia.

Entonces, desperté.

Mi joven amigo, desearía que estuvieras junto a mí
para que pudieras ver la convicción en mis ojos
y escucharas el sentimiento en mi voz.

En verdad vi lo que te he descrito.
Fue un sueño, sí, pero mucho más que un sueño
que cualquier otro sueño que haya conocido.

Nunca antes había experimentado tanto gozo
y nunca antes había sentido tanto dolor.

Cuando recobré el conocimiento, alcé mi voz
hacia el cielo para agradecer al Creador por haberme concedido
un día más para dejar atrás lo que me retenía.

Pues, como puedes ver, yo llevaba recuerdos en mi corazón
de una vida de caminar hacia atrás.

Si iba a caminar hacia adelante,
necesitaba dejar en el pasado todo lo que fuera hacia atrás.

Tal vez, también en este sentido, tú y yo somos similares.
Tal vez hay aspectos de tu vida que requieren
que los comiences de nuevo.

Sea lo que sea que cargues y que te invite
a caminar hacia atrás, déjalo atrás.

Yo hice justo eso aquel día.

He tenido que repetir la ofrenda muchas veces
desde entonces.

Haz una ofrenda de todo lo que es viejo en tu interior.

Pues el abrazo que te espera es demasiado
dulce como para perdértelo.

Caminar juntos

No solo hablo del abrazo de mi sueño,
sino también de los abrazos de este mundo,
pues mi fracaso para abrazar por completo al sagrado
fue tipo y sombra[1] de mi fracaso para abrazar a mi pueblo.

Me dije que tenía *motivos* para apartarme de ellos.
Después de todo, habían cometido errores.

Pero el sagrado reemplazó mi lógica
con su amor, pues me estrechó entre sus brazos
a pesar de todos los errores que *yo* había cometido.

Siempre recordaré el día cuando descendí por la Gran Montaña
para caminar de nuevo entre mi gente.

Era un cálido día de verano y el sol brillaba alto
en el cielo. Los niños jugaban los juegos de mi gente,
los juegos que yo había amado en mi juventud.

El aroma del venado asado dio la bienvenida a mis sentidos
y trajo consigo cálidos recuerdos de festines del pasado.

---

1 En teología, los "tipos" son elementos (personas, símbolos, sucesos, objetos) del Antiguo Testamento que fungen como "sombras" que se asemejan, anuncian o reflejan lo que habrá de ocurrir después de la venida de Cristo; es decir, el Nuevo Testamento. N. del T.

Mi familia vivía en un hogar humilde
en el lado opuesto de la villa.

Yo tenía mucho por decir y ni idea de cómo decirlo.

Había permanecido durante tres días en las laderas de la montaña
intentando preparar mi discurso, pero todo preparativo parecía erróneo.

Sentí entonces el impulso de ir y hablar puramente desde mi corazón.

Vi primero a mi padre. Era más frágil que lo que yo recordaba;
más encorvado, más desgastado.

Me aproximé por atrás mientras él se esforzaba por mover un tronco.

—Padre —dije, con más respeto que el que nunca había escuchado
en mi propia voz—. ¿Podemos Nosotros ayudar a Nosotros?

Él se volvió hacia mí y quedó inmóvil, como si intentara
reconocer a la imagen que estaba frente a él.

Entonces sus ojos se llenaron de lágrimas, su cuerpo se ablandó
y caímos uno en los brazos del otro.

A este abrazo siguieron muchos más
cuando inicié un nuevo caminar con mi familia.

La vida se volvió más dulce que lo que nunca soñé que sería.

No me malinterpretes. Todos los caminantes tropiezan a veces.
En ocasiones, a pesar de todo lo que he visto, escuchado y sentido,
me he negado a sus abrazos.

Pero cada vez que he visto la aurora o sentido la brisa
o que he bebido de un arroyo o que he caminado sobre una piedra
o que he comido una planta o que he contemplado un cordero,
se me ha recordado la verdad una vez más:

Mis pies fueron colocados en la Madre Tierra entre otros
para que yo pueda aprender a caminar junto
con ellos en mi corazón.

Tú y yo, mi joven amigo, solo caminamos tan lejos
y tan bien como nuestros corazones caminen
entre nuestra gente.

Palabras a un amigo

Ahora te digo adiós.

Desearía poder verte y que tú pudieras verme.

Desearía que pudiéramos contemplar juntos el cielo nocturno
y que pudiéramos beber juntos del mismo río de la montaña.

Desearía poder tomarte entre mis brazos
y hacerte sentir la verdad y el gozo
que tanto tiempo me tomó conocer.

Mis palabras serán todo lo que conocerás de mí.

Te las ofrezco en paz, con la esperanza en que,
tal vez, tú descubras en tu interior y en el mundo que te rodea
una Guía que te conduzca a casa.

Oye con atención y escucharás murmullos.

Síguelos y, con el tiempo, descubrirás
una voz tan singular en su apacible quietud
que atravesará el ruido de los días más confusos.

Yo conozco esa voz. He aprendido a mantenerme
cerca de ella y a percibir cuando me alejo.
Una y otra vez en mi caminar, esa voz
me ha devuelto a mi gente.

Por fortuna, a pesar de mis debilidades y tropiezos,
todo ahora es como debe ser.

¿Todo es como debe ser para ti?

Esta es mi pregunta para ti, mi querido amigo.

Tal vez tengas tu propia montaña por descender
o tu propia villa por cruzar.

Y tal vez alguien a quien *tú* has dejado espere un abrazo.

Si es así, sin duda eres afortunado, pues aquellos
a quienes necesitas aún están contigo.

Ahora elevo mi voz al Creador en tu nombre
para que tengas valor cuando lo requieras.

Que seas bendecido por la luz, por el viento, por la lluvia.

Que puedas aprender de la piedra, la planta y el cordero.

Que toda la creación trabaje por tu sanación.

Que puedas abrazar todo aquello que has dejado.

Este es mi deseo para tu caminar, mi querido amigo.

Que tú también descubras un pueblo
y, con él, el gozo de NOSOTROS.

Sobre el arte

Nosotros no luchamos contra Nosotros.

 **Las dos figuras son guerreros.** La línea entre los dos guerreros muestra el rompimiento en su relación o el rompimiento en la unidad de Nosotros. El animal muerto en la parte inferior es el catalizador del rompimiento.

La luz ahuyenta a la oscuridad.

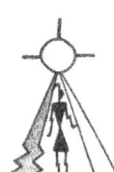 **LUZ:** El sol sobre la figura simboliza una fuente de luz que siempre está presente. La figura toca la luz. Esto significa que la luz no solo se ve sino que, más importante aún, puede sentirse en el interior. *Lado izquierdo:* Las líneas sombreadas representan la luz oscurecida. Los rayos mellados en la parte inferior representan un sendero riesgoso en la oscuridad o caminar hacia atrás. *Lado derecho:* Los rayos de luz son limpios y rectos. Esto simboliza el caminar hacia adelante y la felicidad que se encuentra en la luz. La forma general de este jeroglífico se asemeja a una figura más grande, con el sol como cabeza. Esta figura representa a la fuente de la luz; es decir, el Creador.

Pues nuestros corazones siempre se envían mensajes a través del viento.

 **VIENTO:** En este dibujo, las líneas a cada lado representan al viento. Las dos líneas representan dos sentidos: sensación y olfato. A pesar de que no podemos ver el viento, existe. El viento puede ser sentido y olido; está conectado con nosotros y antecede a nuestra presencia antes de que lleguemos. Esta conexión puede verse en esta figura. *Lado izquierdo:* El viento que se mueve hacia abajo representa el caminar hacia atrás o el movimiento que se aleja del progreso. *Lado derecho:* El viento se eleva y muestra ascenso o progreso. Caminar hacia adelante nos acerca al Creador y eleva a todos los Seres de Dos Piernas (humanos).

El agua también es un don de arriba.

AGUA: Los tres medios círculos representan a las nubes, a los cielos y al agua viviente o Creador. Las líneas que provienen de las nubes representan a la lluvia. Las líneas debajo de la figura simbolizan un cuerpo de agua, como un río. *Lado izquierdo:* Esto muestra el caminar hacia atrás. El agua está mellada, lo cual representa peligro y toxicidad. Las nubes no cruzan hacia la izquierda; una línea ocupa su lugar. Esta línea representa sequía. *Lado derecho:* Cuatro líneas descienden de las nubes y tocan diferentes partes de la figura. El sitio donde se conectan es importante en esta representación. La lluvia nutre nuestra mente (la cabeza), suaviza el corazón (el pecho), da forma a nuestras acciones (la mano) y aclara nuestro camino (el pie). La fuente de nuestra existencia es el agua.

¿Nosotros invitamos a la paz o provocamos la guerra?

PIEDRA: Las líneas a cada lado representan una extensión de nosotros mismos y los senderos que creamos, hacia la paz o hacia la guerra. *Lado izquierdo:* Las dos líneas melladas representan un camino impredecible y peligroso. La forma en la parte inferior es una piedra volteada. La base de esa piedra es inestable. Nota que la piedra es negra. Esto representa un camino oscuro y tortuoso. *Lado derecho:* La piedra está del lado correcto y muestra una base segura y estable. Las dos líneas representan un camino recto o caminar hacia adelante. El movimiento es hacia arriba, lo cual simboliza progreso.

A medida que aprendes cómo discernir entre lo bueno y lo malo en la naturaleza, descubrirás una capacidad para hacer lo mismo en la vida.

PLANTAS: El símbolo sobre la figura es el sol. El sol es necesario para las plantas y para toda la creación. La figura del hombre está conectada con una planta a la izquierda y a la derecha. Esto es para denotar la conexión que tenemos con todas las plantas. La conexión muestra que incluso las plantas tóxicas pueden tener un uso apropiado. Las manos conectadas con las plantas simbolizan la ayuda que las plantas ofrecen de forma continua. *Lado izquierdo:* La planta está mellada y lastimará a cualquiera que la sujete. También está hacia abajo. Esto significa que la planta es tóxica y que causará confusión y daño. *Lado derecho:* La planta está sana y da vida. Crece hacia arriba, hacia la luz, y es fructífera.

Sus muertes son ofrendas sagradas.

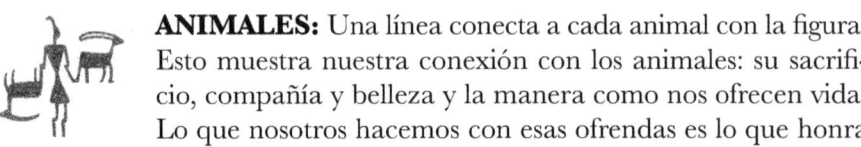

ANIMALES: Una línea conecta a cada animal con la figura. Esto muestra nuestra conexión con los animales: su sacrificio, compañía y belleza y la manera como nos ofrecen vida. Lo que nosotros hacemos con esas ofrendas es lo que honra u ofende al animal. *Lado izquierdo:* Esto muestra el caminar hacia atrás. El animal está volteado, lo cual representa a un animal muerto. El cuerno es oscuro y representa un camino tortuoso. El animal muerto y volteado representa incapacidad para percibir su sacrificio. *Lado derecho:* El animal está derecho y guía el camino hacia adelante. El animal derecho muestra que nosotros mantenemos vivos a los animales en nuestras mentes y "acciones". Nosotros honramos su vida y sus ofrendas. El cuerno representa el camino de la travesía. Es claro y libre de complicaciones.

Estar vivo es estar con otros.

Camino de Nosotros: Las figuras originales se encuentran en piezas antiguas de alfarería. Representan a una tribu o comunidad que vive en armonía. En la alfarería antigua cada una de las figuras está conectada: están de pie, lado a lado, tomadas de las manos alrededor de la pieza completa. No hay principio ni final. Tomarse de las manos simboliza unidad, supervivencia y compromiso entre todos y con la vida. Las flechas en el extremo de las manos en esta figura significan la continuación de esa unidad. Los guerreros masculinos y femeninos muestran personas que se yerguen juntas con solidez para protegerse entre sí en la batalla entre el bien y el mal. Los guerreros nos representan a nosotros.

Reconocimientos

En primer lugar reconocemos la mano del Creador en la escritura de este libro. Fue Él quien guio a Larry Olsen a las colinas, presentó los sueños a Ezekiel Sánchez (Good Buffalo Eagle-Buen Búfalo Águila), dio a Pauline Martin Sánchez (Gentle White Dove-Gentil Paloma Blanca), miembro de la tribu navajo, el lenguaje de los Ancestros y puso la narrativa en el corazón de James Ferrell.

Cuando Larry tenía 12 años de edad encontró una punta de flecha de obsidiana en el terreno de su tío. Este descubrimiento dio inicio a una búsqueda de por vida para aprender y replicar las tecnologías primitivas de los pueblos antiguos que habían caminado por esas tierras antes que él. A principios de los años sesenta, Larry comenzó a impartir clases de supervivencia a la intemperie. En 1968 fue líder de su primera expedición de 30 días. Para su sorpresa, los alumnos no solo encontraron valor en el aprendizaje de las habilidades, sino también reportaron haber efectuado cambios profundos en su vida después de aplicar las verdades sencillas que habían aprendido al vivir de forma primitiva entre la naturaleza.

Entre esos alumnos se encontraba un joven indio totonaca de México llamado Ezekiel. Cuando Ezekiel era niño, su responsabilidad era capturar piezas pequeñas de caza y recolectar comestibles silvestres para ayudar a alimentar a la numerosa familia de su padre. Dedicó su juventud a trabajar en los campos de migrantes hasta los 19 años de edad. De inmediato, Larry percibió la familiaridad de Ezekiel con la naturaleza y le pidió que lo acompañara. Este fue el comienzo de una larga y confiada amistad. Larry y Ezekiel desarrollaron un curso universitario que en 1969 ganó un Premio Nacional de Educación: "Youth Rehabilitation through Outdoor Survival" ("Rehabilitación para jóvenes a través de la supervivencia a la intemperie").

Durante los siguientes años, miles de estudiantes participaron en cursos desarrollados por Larry y Ezekiel. En 1988 Larry pidió a Ezekiel que lo ayudara en la creación de la Fundación ANASAZI, "la formación de un caminar". Mientras reflexionaba acerca de la invitación, a Ezekiel se le concedieron dos sueños. El primer sueño se cumple en la actualidad a través de la labor de la fundación. El segundo sueño comienza con la publicación de este libro.

La esposa de Ezekiel, Pauline, apoyó en la creación del primer currículo de ANASAZI, el cual se centró alrededor de siete elementos encontrados en la naturaleza. Lo llamaron "Los siete caminos del estilo ANASAZI".

En 1989, Larry, Ezekiel y Pauline conocieron al doctor Terry Warner, un profesor de filosofía y fundador del Instituto Arbinger. Fascinado por su trabajo, el doctor Warner comisionó después a James Ferrell, académico y ex alumno suyo, para que diera un formato narrativo a "Los siete caminos del estilo ANASAZI".

Nuestro sincero agradecimiento para ustedes, James Ferrell, doctor Warner y el Instituto Arbinger, por sus afables obsequios y su compromiso para fusionar la filosofía y la visión de ANASAZI en una narrativa que ayuda a incontables corazones a "caminar hacia adelante en la luz".

También reconocemos a las personas increíbles que han trabajado con nosotros a lo largo de muchos años. Con reconocimiento para Bob Gay, Lester Moore, Paul Smith y Sterling Tanner, sin quienes ANASAZI no hubiera sobrevivido en tiempos difíciles. Apenas podemos hacer más que inclinarnos ante ustedes en gratitud por los sacrificios que han hecho y por la manera como han tocado nuestras vidas.

También merecedores de mención son los numerosos contribuyentes generosos que han dado tanto para continuar con el trabajo de ANASAZI. De especial mención: Sherrell Olsen, Susan Warner, Gaylene Merchant, Lynette Gay, Brenda Tanner, Jeanie Moore, Lyn Smith, Stephen R. Covey, Barbara Bush, Steve y Barb Young, la Fundación Forever Young, Wynonna Judd, Marie Osmond, Dale Tingley, Richard y Mimi Peery, Tom y Jan Lewis, Bob y Diana Hunt, Thom y Gail Williamsen, el Sorensen Legacy Fund, Mac y Susan Dunwoody, Wayne y Connie Greene, Ross y Anita Farnsworth, Marc y Angela Tahiliani, Harry Tahiliani, Dinah Lundell, Richard Ferre, Rich y Krista Haws, y Ralph y Glenda Earle.

A Leihi Sánchez (Thunder Voice Eagle-Águila Voz de Trueno), te agradecemos por el bello arte de este libro.

Nuestra última palabra de reconocimiento va para Seth Adam Smith, quien entregó una deteriorada copia del manuscrito original al maravilloso equipo en Berrett-Koehler Publishers y trabajó con diligencia para su publicación. Y para Jeevan Sivasubramaniam, director editorial general, quien lo leyó y creyó.

Michael J. Merchant
Presidente, Fundación ANASAZI

Acerca de la Fundación ANASAZI

En la tradición nativa de Estados Unidos, la vida es "un caminar". El caminar de una persona se determina por el estado de su corazón hacia todo lo que la rodea. *Anasazi* es una palabra del lenguaje navajo que suele interpretarse como "los Ancestros". De acuerdo con las leyendas, los sabios maestros enseñaron que el Creador colocó al hombre en la Tierra con el fin de que aprendiera cómo "caminar hacia adelante"; es decir, el armonía con el hombre y con toda la creación.

Durante años, la Fundación ANASAZI, una organización 501(c)(3) no lucrativa, establecida en Arizona, ha dado servicio a las familias al introducirlas a un Nuevo Comienzo y al ayudarlas a descubrir su Semilla de Grandeza y la sabiduría de las vidas guiadas por los Ancestros.

Fundada por los renombrados pioneros de la vida silvestre Larry Olsen y Ezekiel Sánchez, ANASAZI ofrece una oportunidad a la gente joven a través de una experiencia de vida primitiva y una filosofía que invita a sanar en las manos de la naturaleza para efectuar un cambio de corazón; un cambio en la manera total de la persona de caminar en el mundo. La experiencia de ANASAZI en la naturaleza es no punitiva. Para aquellos en ANASAZI, la naturaleza no es un lugar severo para doblegar a los jóvenes sino, por el contrario, un sitio seguro; un lugar libre de distracciones donde un individuo puede aprender, reflexionar, descubrir y construir.

A través de esta experiencia y de su trabajo concurrente con los padres, ANASAZI prepara a los padres y a los hijos para volver sus corazones unos frente a otros, para comenzar de nuevo y para caminar con armonía en el territorio silvestre del mundo.

Fundación ANASAZI, (800) 678-3445, www.anasazi.org

Más alabanzas para
Los siete caminos

"Hay mucho por aprender de cualquier persona que haya vivido su vida intentando atender a la sabiduría que ha recopilado de las persistentes voces de sus ancestros, en especial en una época, como la nuestra, cuando esas voces han sido desdeñadas. Ezekiel Sánchez (Good Buffalo Eagle-Buen Búfalo Águila), cofundador de la Fundación ANASAZI, es ese tipo de persona. Él ha empleado la sabiduría ancestral y probada de su pueblo para tocar las almas de miles de jóvenes con pasado turbulento y de sus familias y les ha mostrado el camino hacia la reunión y la paz. De ese tipo de personas es también su colaborador literario, Jim Ferrell. En *Los siete caminos*, ambos han destilado sus únicas y luminosas revelaciones. Si lees este libro de forma receptiva, es probable que descubras que ya caminas hacia adelante en tu corazón y que despiertas a la luz."
—**Doctor C. Terry Warner, fundador del Instituto Arbinger.**

"¡Este libro es profundo! El principio de "Nosotros" es el secreto para cada éxito dentro y fuera del campo de juego."
—**Steve Young, mariscal de campo del Salón de la Fama de la NFL y comentador de la ESPN.**

"A través de la historia de *Los siete caminos*, mi hija se dio cuenta de cómo, ella también, había caminado hacia atrás, lejos de su familia. Este profundo descubrimiento salvó la vida de mi hija, lo cual, a su vez, salvó a toda nuestra familia. Le dio una base sólida para navegar a través de sus muy complicados años adolescentes... dio a nuestra hija perdida nuevos pies para encontrar su camino, su sendero para transformarse en una adulta joven amorosa y exitosa, con un corazón en paz verdadera."
—**Elaine Taylor, presidenta, The Taylor Family Foundation.**

"Al hablar con la sabiduría de los ancestros, esta guía sobre la desafiante travesía de la vida es brillantemente accesible y espiritualmente transformadora."
—**Doctor Richard Ferre, psiquiatra de adolescentes y adultos.**

"*Los siete caminos* construye los cimientos para el crecimiento personal, la reflexión y la fortaleza requeridas en la recuperación a largo plazo."
—**Jon Memmott, juez jubilado.**

"Cada página está llena de reflexiones y sabiduría. Tú querrás leerlo, compartirlo y leerlo otra vez."
—**Doctor Dale Tingley, fundador y director ejecutivo de American Indian Services.**

"*Los siete caminos* condensa la fuerza de una de mis palabras favoritas: *TEAM – Together Everyone Achieves More* (EQUIPO—Juntos Todos Logramos Más)."
—**Bart Starr, mariscal de campo del Salón de la Fama.**

"En los momentos universales de sentirnos atorados o perdidos, *Los siete caminos* son verdades sencillas y profundas que no solo proporcionan solaz, sino maneras genuinas para transformar tu corazón."
—**Courtney Merril, terapeuta de pareja y familia y consultora educativa.**

"*Los siete caminos* de la Fundación ANASAZI ilustra la verdad, a menudo olvidada, de que no son nuestras experiencias lo que determina la calidad de nuestra vida, sino quiénes somos en términos morales cuando atravesamos por dichas experiencias. Caminar en la luz, y no en la oscuridad, significa que vemos nuestras experiencias con honestidad y aprendemos y crecemos. Cuando traicionamos a la luz de nuestro interior, caminamos en la oscuridad y calificamos a nuestras experiencias como gravosas. Este libro es una invitación para que todos vivamos de forma veraz y distingamos las maneras tóxicas de las nutritivas de estar en el mundo."
—**Doctor Terrance D. Olson, ganador del premio Ernest Osborne en Family Life Education.**

"*Los siete caminos* es una verdadera bendición. Lo recomiendo a cualquier persona que necesite sanación, sabiduría, poder y bondad."
—**Doctor Stan Block, autor y fundador de Mind—Body Bridging.**

"¡Un pequeño libro con un gran mensaje! *Los siete caminos* nos recuerda quiénes somos, nuestra relación con nuestro Creador y cómo la felicidad con nuestra familia está al alcance de la mano."
—**Danny Ainge, ex jugador profesional de basquetbol y béisbol y presidente de operaciones de basquetbol de los Celtics de Boston.**

"Es un privilegio recomendar *Los siete caminos*. ANASAZI es uno de los mejores programas para ayudar a los jóvenes y a los adultos a realizar grandes cambios en su vida y estoy fascinado porque este libro hará accesibles a un público más amplio la filosofía y la sabiduría en las cuales se basa su programa."
—**Doctor Ralph H. Earle, fundador y presidente de Psychological Counseling Services, Ltd.**

Esta edición se imprimió en agosto de 2014,
en Acabados Editoriales Tauro, S.A. de C.V.,
Margarita núm. 84, Col. Los Ángeles,
Del. Iztapalapa, C.P. 09360, México, D.F.

www.ingramcontent.com/pod-product-compliance
Lightning Source LLC
Chambersburg PA
CBHW032041040426
42449CB00007B/975